9,00

le printemps

Titre original de l'ouvrage: ''la primavera''
© José M.ª Parramón Vilasaló
© Asun Balzola

© Bordas, Paris, 1981, pour la traduction française
I.S.B.N. 2-04-011128-X
Dépôt légal: août 1985
Traduction française de Jeanine Lhomme

Imprimé en Espagne par
Sirven Grafic, S.A.
Gran Vía, 754 -
08013-Barcelona
(España) en juillet 1985
Dépôt légal: B-28.040-85
Numero d'Editeur: 785

la bibliothèque des tout-petits

Asun Balzola
Josep Mª Parramón

le printemps

Bordas

Lorsque les arbres
sont en fleurs...

...et que les prés

sont verts

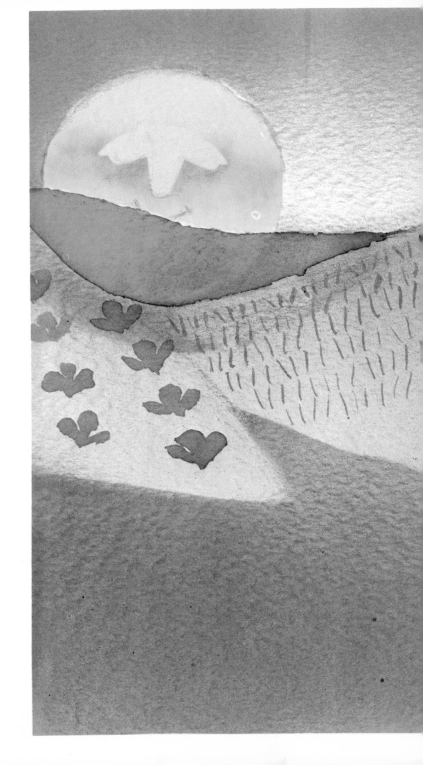

Lorsque les plantes poussent

et que les fleurs
       éclosent

Lorsque le ciel
est bleu

et que les maisons
sont blanches

Lorsque
reviennent
les hirondelles

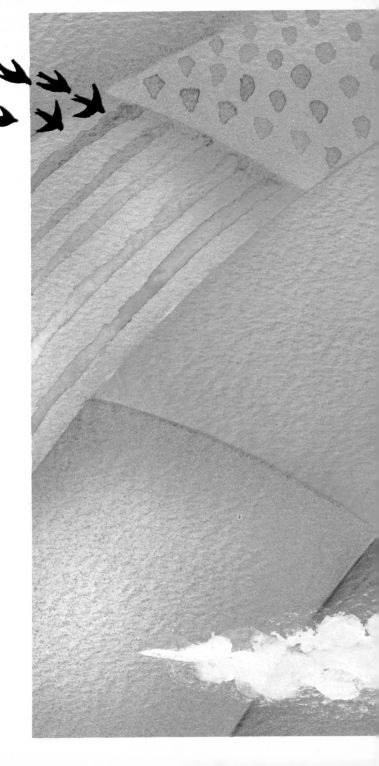

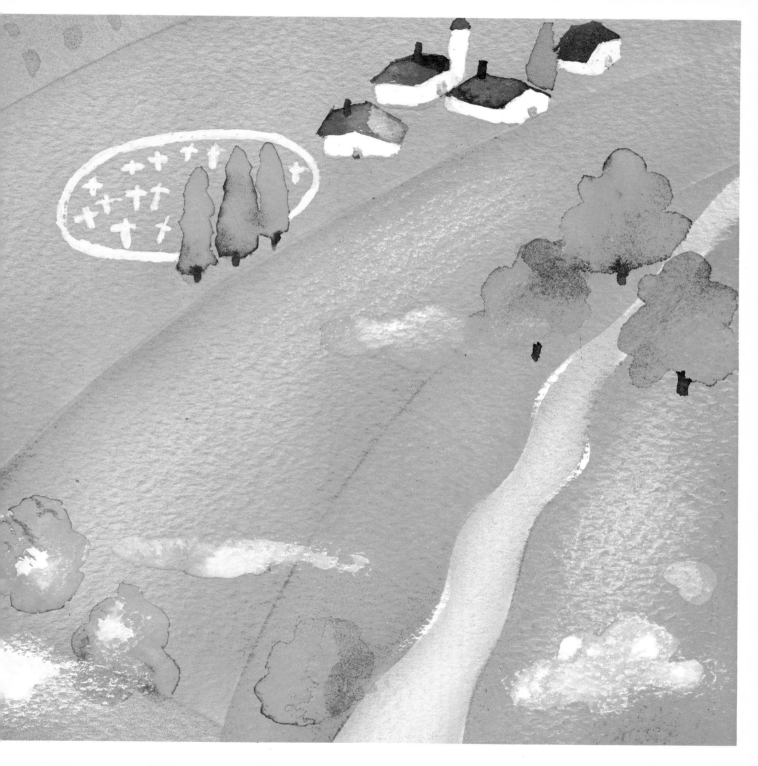

...et volent les
papillons...

Lorsque renaît
l'amour

et brille le soleil...

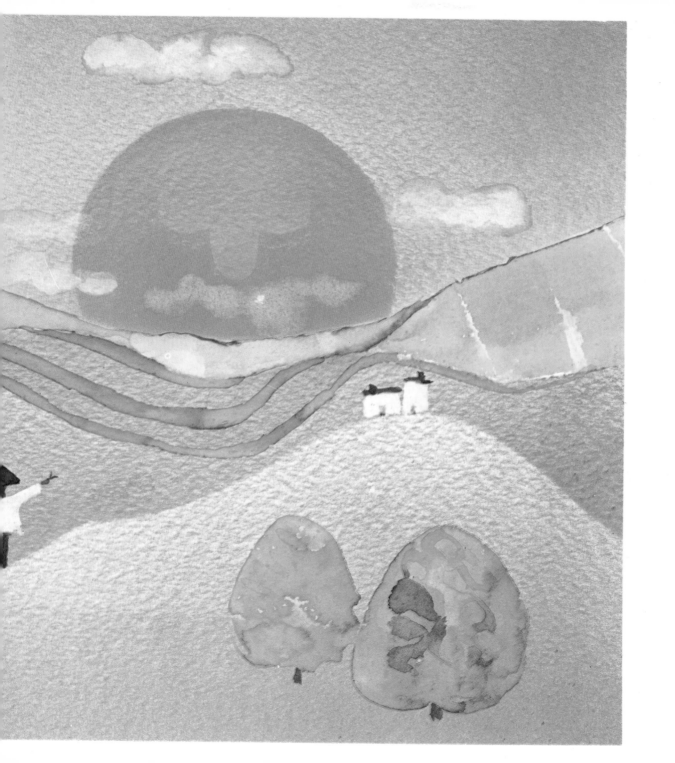

Lorsque les enfants
jouent...

C'est le printemps!

LE PRINTEMPS

Après le long sommeil hivernal,
la terre, les plantes, les animaux,
toute la Nature s'éveille:

Les arbres fruitiers sont en fleurs

Dans les branches de l'amandier éclosent, comme par enchantement, de petits bouquets de fleurs blanches ou roses: le printemps est là! Quelques mois plus tard, en septembre, à la fin de l'été, les fleurs seront devenues amandes. Avec les amandes, les confiseurs feront des gâteaux et du nougat.

Les plantes poussent et les fleurs éclosent

Pourquoi est-ce au printemps que reverdissent les champs, croissent les plantes, éclatent les bourgeons et éclosent les fleurs? Rappelons-nous que dans les montagnes, c'est déjà la fonte des neiges, le cours des fleuves et des rivières grossit; le soleil est alors plus proche de la terre et transmet aux plantes avec plus de force sa chaleur vitale.
Mais le printemps est aussi la saison des pluies.

Soleil, pluie et vent en avril et mai

Il le faut ainsi et tel est d'ailleurs le voeu du paysan: "Récolte de l'année, dépend du temps d'avril et mai" dit le proverbe: si, au cours de ces deux mois, soleil et pluie se succèdent, la récolte de l'année, en juillet, août et septembre, sera riche et abondante. Et le vent, à quoi sert le vent?

A quoi sert le vent?

Il fait alterner pluie et soleil, chasse les nuages du ciel et lui rend toute sa pureté. Il disperse les semences et le pollen des fleurs qu'il transmet de l'une à l'autre, favorisant ainsi leur reproduction. Et c'est ainsi que les plantes poussent, que les champs reverdissent et que les fleurs éclosent.

Le retour des hirondelles

Et voici un autre symbole du printemps: le retour des hirondelles. Tous les ans, au début du mois de mars, dans toutes les villes et tous les villages d'Europe, des milliers et des milliers d'hirondelles retrouvent leurs nids et se reproduisent. Elles restent en famille jusqu'à la fin de l'été, pour revenir ensuite à leur point de départ. Mais d'où sont-elles venues pour annoncer le printemps? Et où retournent-elles en septembre et octobre? L'hirondelle, comme d'autres oiseaux, ne supporte pas le froid; lorsque ce dernier s'annonce, elle "émigre", c'est-à-dire qu'elle s'envole vers des contrées plus douces. Ainsi, les hirondelles qui apparaissent au printemps au centre et au sud de l'Europe, émigrent tous les ans vers l'Afrique, où elles ne souffrent pas du froid hivernal. Mais comment retrouvent-elles chaque fois leur chemin? Nul ne le sait. C'est un des grands mystères de la Nature. On sait seulement qu'elles longent les côtes et que, pour traverser les mers, elles choisissent les passages les plus étroits. Et qu'elles reviennent exactement, chaque année, chaque printemps, au même endroit, au même nid!

Le printemps et l'amour

Certes, le printemps incarne et symbolise le triomphe de la Nature: fleurs, oiseaux, reproduction des animaux, fêtes pascales, chants d'allégresse... Ce n'est pas par hasard que le sang bouillonne et que l'amour renaît au printemps, que mai est le mois des roses.

Le printemps commence le 21 mars et s'achève le 21 juin